AF187363

Impressum
Verlag: BABADADA GmbH, Nedderfeld 112 , 22529 Hamburg
Geschäftsführer / Verlagsleitung: Harald Hof
Druck: Books on Demand GmbH, In de Tarpen 42, 22848 Norderstedt

Imprint
Publisher: BABADADA GmbH, Nedderfeld 112 , 22529 Hamburg, Germany
Managing Director / Publishing direction: Harald Hof
Print: Books on Demand GmbH, In de Tarpen 42, 22848 Norderstedt

escuela
colegio

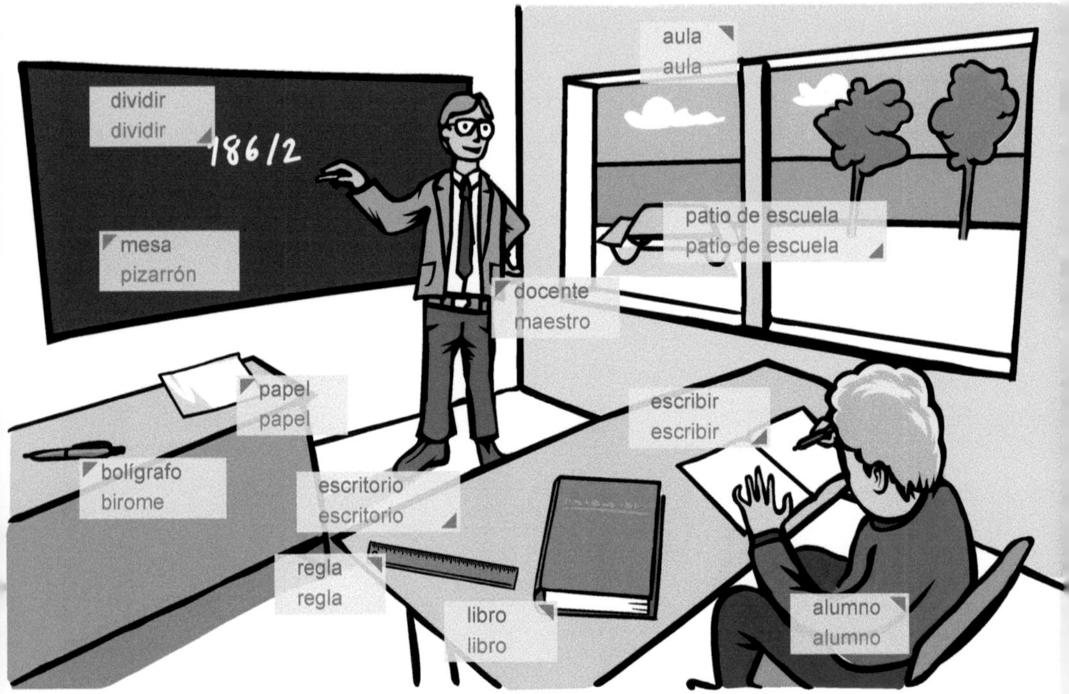
aula
aula
dividir
dividir
186/2
mesa
pizarrón
patio de escuela
patio de escuela
docente
maestro
papel
papel
escribir
escribir
bolígrafo
birome
escritorio
escritorio
regla
regla
libro
libro
alumno
alumno

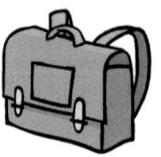

mochila escolar

mochila

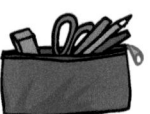

caja de lápices

caja de lápices

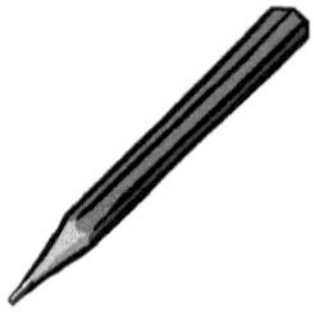

lápiz

lápiz

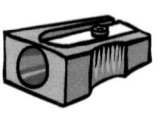

sacapuntas

sacapuntas

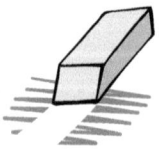

goma de borrar

goma (de borrar)

bloc de dibujo

bloc de dibujo

dibujo

dibujo

pincel

pincel

caja de pinturas

caja de pinturas

tijera

tijera

pegamento

pegamento

libro de ejercicios

cuaderno de ejercicios

tarea

tarea

número

número

sumar

sumar

restar

restar

multiplicar

multiplicar

calcular

calcular

letra

letra

alfabeto

abecedario

palabra

palabra

texto

texto

leer

leer

tiza

tiza

lección

lección

libro de clase

cuaderno de clase

examen

examen

certificado

certificado

uniforme escolar

uniforme escolar

educación

educación

enciclopedia

enciclopedia

universidad

universidad

microscopio

microscopio

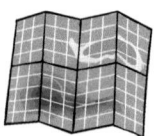

mapa

mapa

cesto de papeles

tacho (de basura)

viaje

viaje

hotel
hotel
Grand
albergue
hostel
ROOMS
casa de cambio
casa de cambio
EXCHANGE
maleta
valija
auto
auto

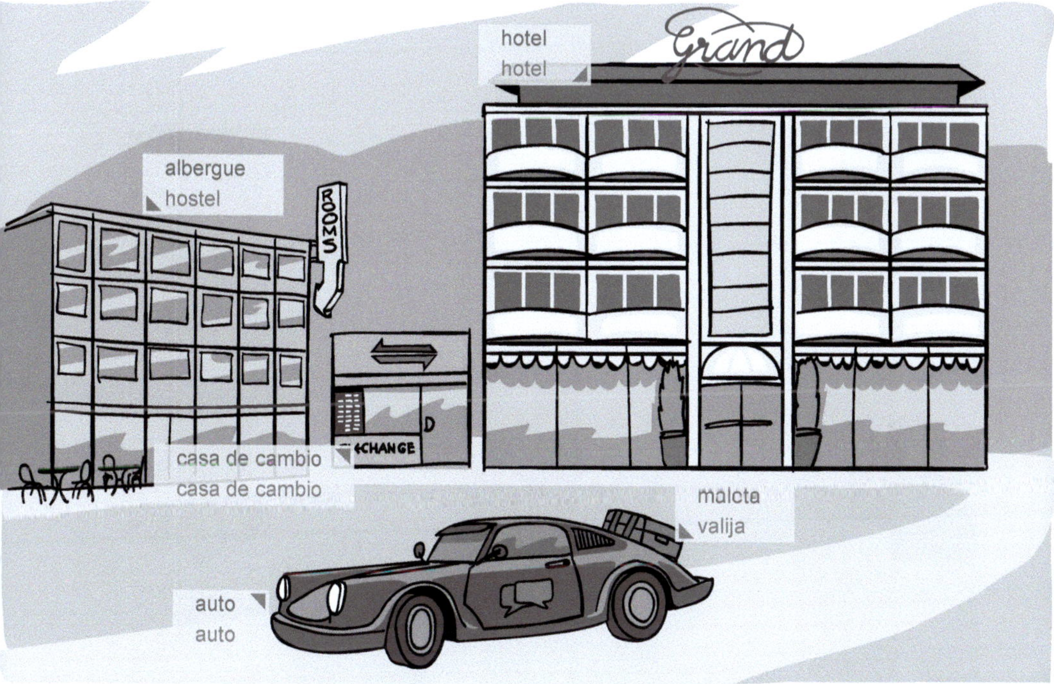

idioma
idioma

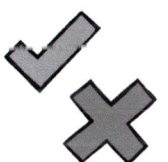

sí / no
sí / no

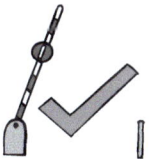

ok
Está bien

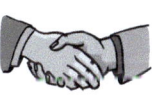

hola
hola

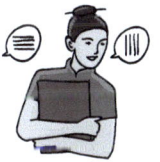

intérprete
traductor

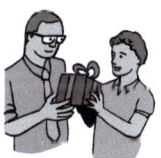

gracias
Gracias

¿Cuánto cuesta…?

¿cuánto cuesta…?

No entiendo

No entiendo

problema

problema

¡Buenas tardes!

¡Buenas tardes!

¡Buenos días!

¡Buenos días!

¡Buenas noches!

¡Buenas noches!

adiós

adiós

dirección

dirección

equipaje

equipaje

bolso

bolso

mochila

mochila

invitado

invitado

cuarto

habitación

saco de dormir

bolsa de dormir

tienda de campaña

carpa

información al turista
información turística

playa
playa

tarjeta de crédito
tarjeta de crédito

desayuno
desayuno

almuerzo
almuerzo

cena
cena

pasaje
pasaje

ascensor
ascensor

sello
sello

límite
frontera

aduana
aduana

embajada
embajada

visa
visa

pasaporte
pasaporte

transporte
transporte

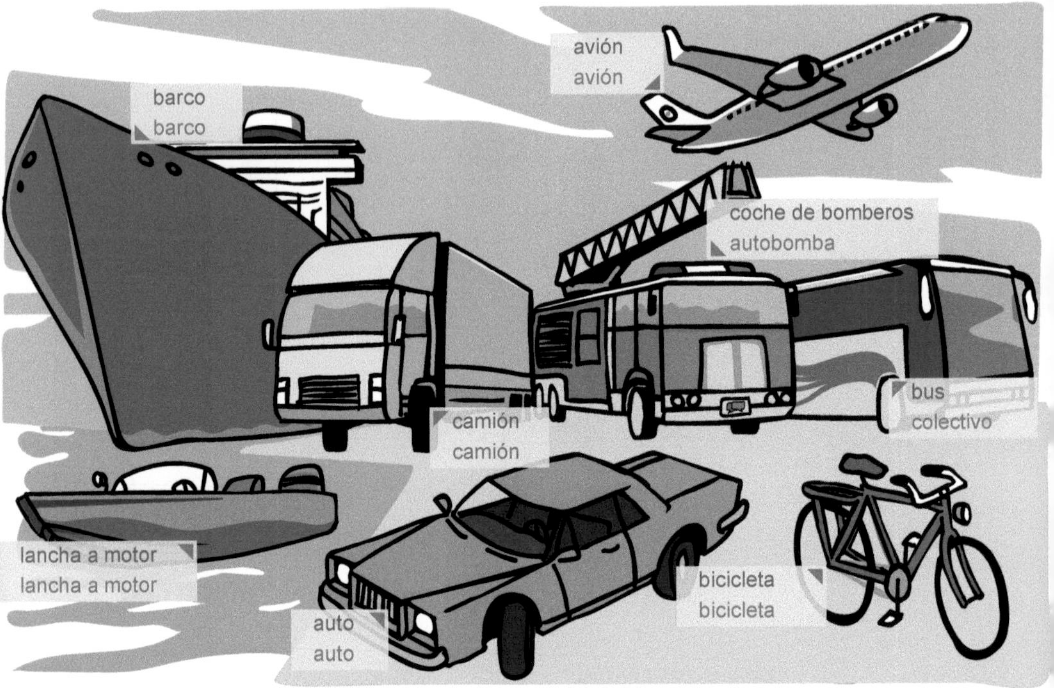
avión
avión
barco
barco
coche de bomberos
autobomba
bus
colectivo
camión
camión
lancha a motor
lancha a motor
bicicleta
bicicleta
auto
auto

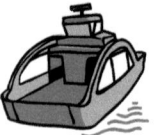

balsa

ferry

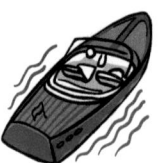

lancha

bote

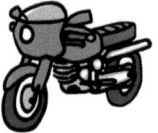

motocicleta

moto

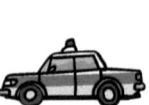

auto de policía

patrullero

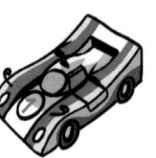

auto de carreras

auto de carreras

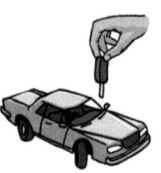

auto de alquiler

auto de alquiler

alquiler de autos

alquiler de autos

grúa

grúa

vehículo recolector de basura

camión de basura

motor

motor

gasolina

nafta

gasolinera

estación de servicio

señal de tráfico

señal de tránsito

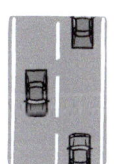

tránsito

tránsito

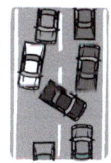

atasco

embotellamiento

estacionamiento

estacionamiento

estación de tren

estación de tren

carril

vías

tren

tren

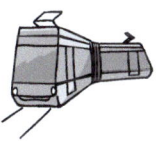

tranvía

tranvía

vagón

vagón

helicóptero

helicóptero

aeropuerto

aeropuerto

torre

torre

pasajero

pasajero

contenedor

contenedor

caja de cartón

caja de cartón

carro

carretilla

cesta

canasta

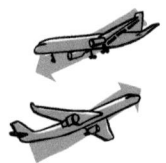

despegar / aterrizar

despegar / aterrizar

ciudad

ciudad

aldea

pueblo

centro de la ciudad

centro de ciudad

casa

casa

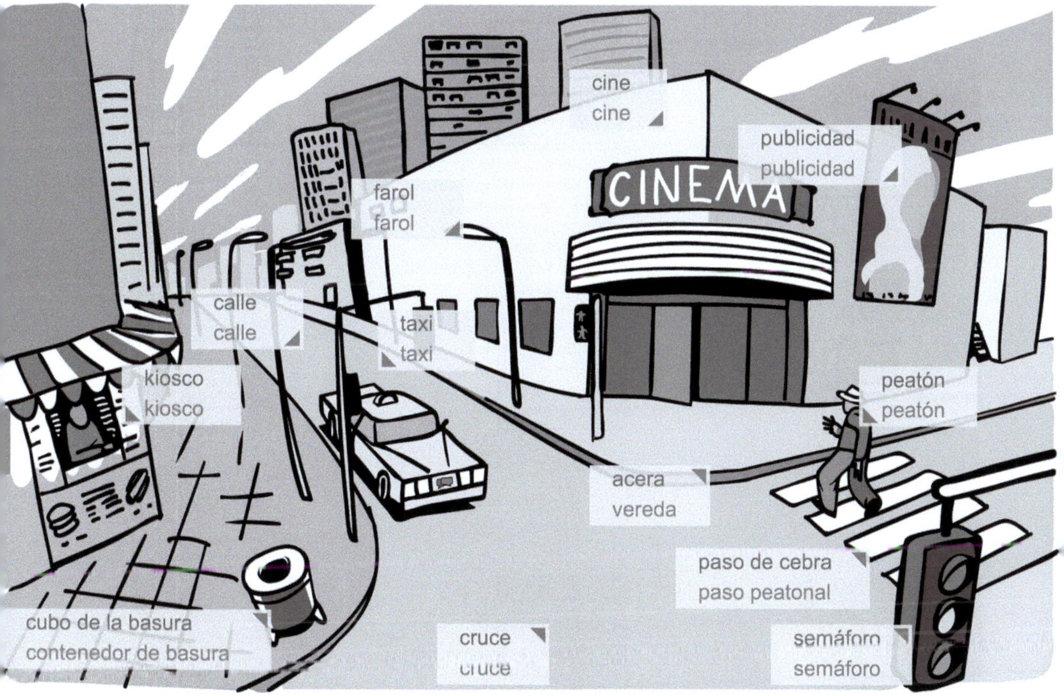

cine
cine

publicidad
publicidad

farol
farol

CINEMA

calle
calle

taxi
taxi

kiosco
kiosco

peatón
peatón

acera
vereda

paso de cebra
paso peatonal

cubo de la basura
contenedor de basura

cruce
cruce

semáforo
semáforo

cabaña
cabaña

apartamento
departamento

estación de tren
estación de tren

ayuntamiento
municipalidad

museo
museo

escuela
colegio

universidad

universidad

banco

banco

hospital

hospital

hotel

hotel

farmacia

farmacia

oficina

oficina

librería

librería

negocio

negocio

florería

florería

supermercado

supermercado

mercado

mercado

grandes almacenes

grandes tiendas

pescadería

pescadería

centro comercial

centro comercial

puerto

puerto

parque

parque

banco

banco

puente

puente

escalera

escaleras

metro

subte

túnel

túnel

parada de autobuses

parada del colectivo

bar

bar

restaurante

restaurante

buzón de correo

buzón

letrero

letrero

parquímetro

parquímetro

zoológico

zoológico

piscina

pileta

mezquita

mezquita

granja
granja

polución
contaminación

cementerio
cementerio

iglesia
iglesia

parque infantil
juegos infantiles

templo
templo

paisaje
paisaje

hoja
hoja

indicador de camino
poste indicador

sendero
camino

pradera
pradera

piedra
piedra

árbol
árbol

caminante
excursionista

río
río

pasto
hierba

flor
flor

valle

valle

montaña

montaña

lago

lago

bosque

bosque

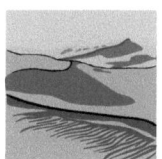

desierto

desierto

volcán

volcán

castillo

castillo

arco iris

arco iris

seta

champiñón

palmera

palmera

mosquito

mosquito

mosca

mosca

hormiga

hormiga

abeja

abeja

araña

araña

escarabajo

escarabajo

rana

rana

ardilla

ardilla

erizo

erizo

liebre

liebre

lechuza

lechuza

pájaro

pájaro

cisne

cisne

jabalí

jabalí

ciervo

ciervo

alce

alce

embalse

presa

aerogenerador

aerogenerador

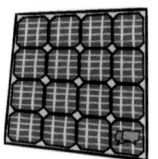

módulo solar

panel solar

clima

clima

restaurante
restaurante

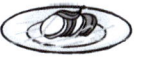

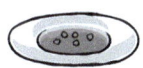

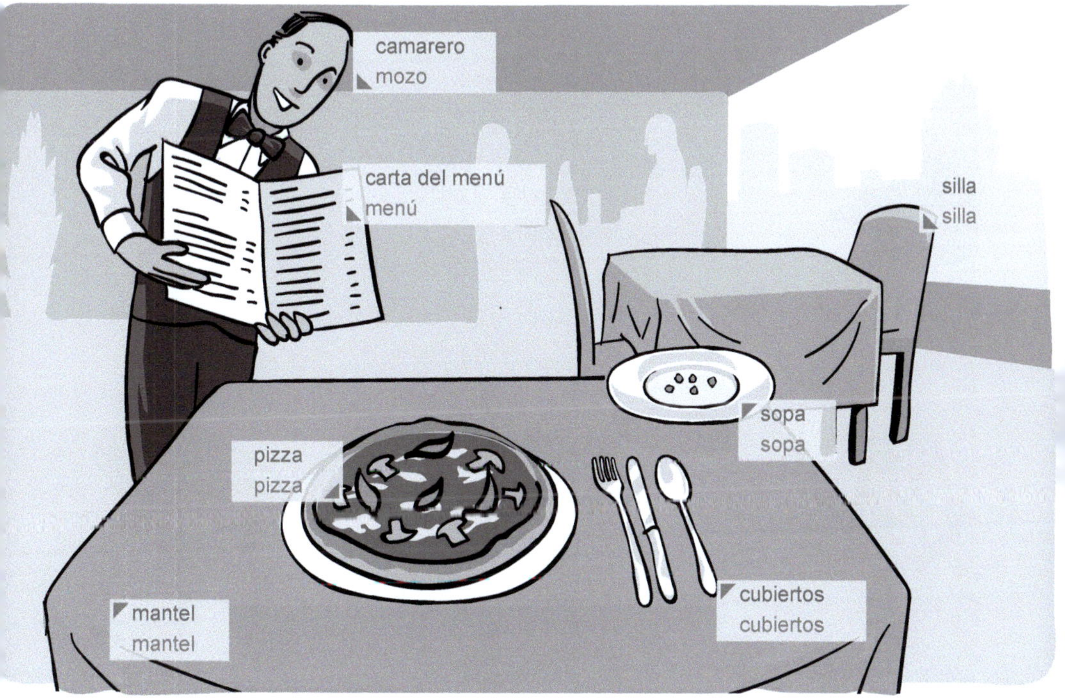
camarero
mozo
carta del menú
menú
silla
silla
sopa
sopa
pizza
pizza
mantel
mantel
cubiertos
cubiertos

entrada
entrada

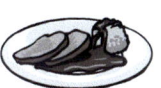

plato principal
plato principal

postre
postre

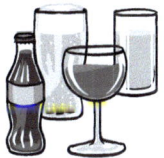

bebida
bebidas

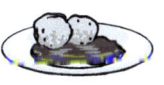

comida
comida

botella
botella

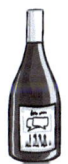

comida rápida

comida rápida

comida callejera

comida callejera

tetera

tetera

azucarera

azucarera

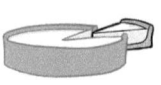

porción

porción

máquina de espresso

cafetera expreso

silla alta

sillita alta

factura

cuenta

bandeja

bandeja

cuchillo

cuchillo

tenedor

tenedor

cuchara

cuchara

cuchara de té

cucharita

servilleta

servilleta

vaso

vaso

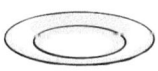

plato
plato

plato de sopa
plato hondo

platillo
plato

salsa
salsa

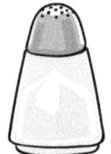

salero
salero

molinillo para pimienta
molinillo de pimienta

vinagre
vinagre

aceite
aceite

especias
especias

ketchup
kétchup

mostaza
mostaza

mayonesa
mayonesa

supermercado

supermercado

oferta
oferta especial
FOR
cliente
cliente
productos lácteos
lácteos
fruta
fruta
carrito de compras
changuito

BUTCHERS

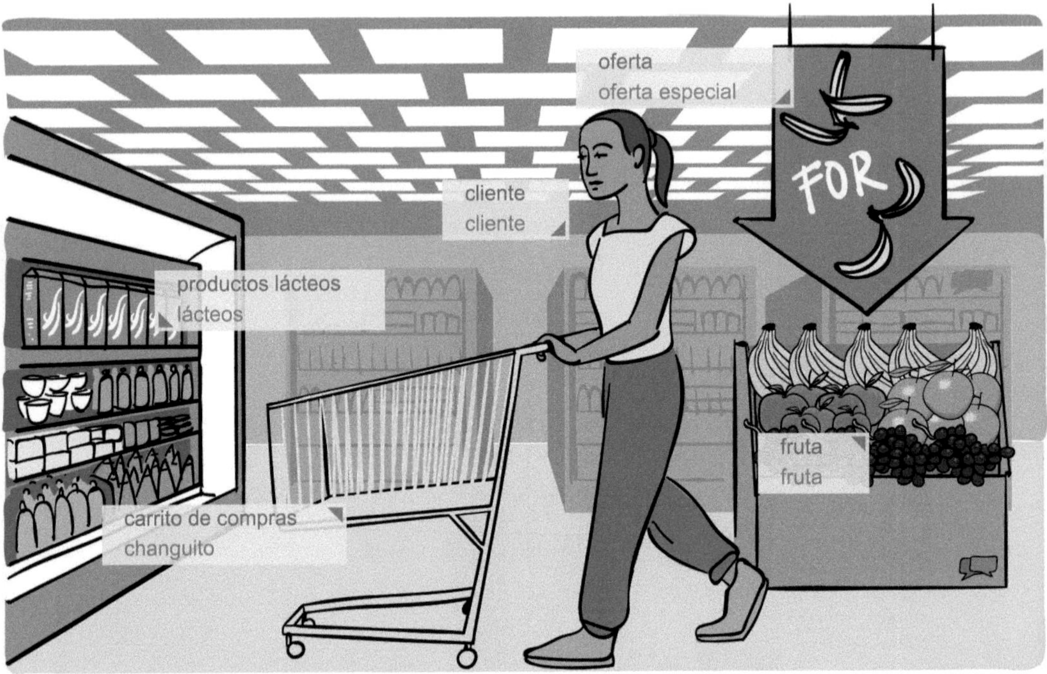

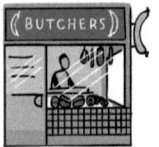

carnicería

carnicería

BAKERY

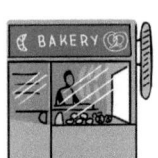

panadería

panadería

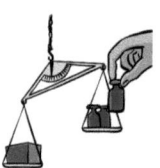

pesar

pesar

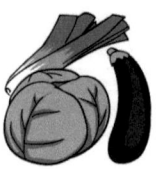

verdura

verduras

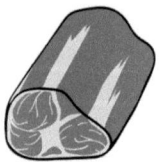

carne

carne

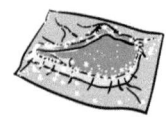

alimentos congelados

alimentos congelados

fiambre

fiambres

conservas

alimentos enlatados

detergente en polvo

detergente en polvo

dulces

golosinas

artículos domésticos

electrodomésticos

productos de limpieza

productos de limpieza

vendedora

vendedora

caja

caja

cajero

cajero

lista de compras

lista de compras

horario de atención

horario de atención

cartera

billetera

tarjeta de crédito

tarjeta de crédito

maleta

cartera

bolsa plástica

bolsa de plástico

agua

agua

jugo

jugo

leche

leche

refresco de cola

bebida cola

vino

vino

cerveza

cerveza

alcohol

alcohol

cacao

cacao

té

té

café

café

espresso

café expreso

cappuccino

cappuccino

banana

banana

manzana

manzana

naranja

naranja

sandía

melón

limón

limón

zanahoria

zanahoria

ajo

ajo

bambú

bambú

cebolla

cebolla

seta

champiñón

nueces

nueces

fideos

fideos

espagueti
....
tallarines

arroz
....
arroz

ensalada
....
ensalada

patatas fritas
....
papas fritas

patatas salteadas
....
papas fritas

pizza
....
pizza

hamburguesa
....
hamburguesa

sándwich
....
sándwich

escalope
....
churrasco

jamón
....
jamón

salame
....
salame

embutido
....
salchicha

pollo
....
pollo

asado
....
asado

pescado
....
pescado

copos de avena	musli	copos de maíz tostado
copos de avena	muesli	copos de maíz

harina	croissant	panecillo
harina	medialuna	pancito

pan	tostada	galletas
pan	tostada	galletitas
		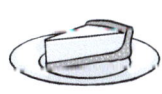
mantequilla	cuajada	pastel
manteca	cuajada	torta
		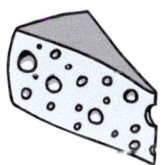
huevo	huevo frito	queso
huevo	huevo frito	queso

helado

helado

azúcar

azúcar

miel

miel

mermelada

mermelada

praliné

pasta de chocolate

curry

curry

granja
granja

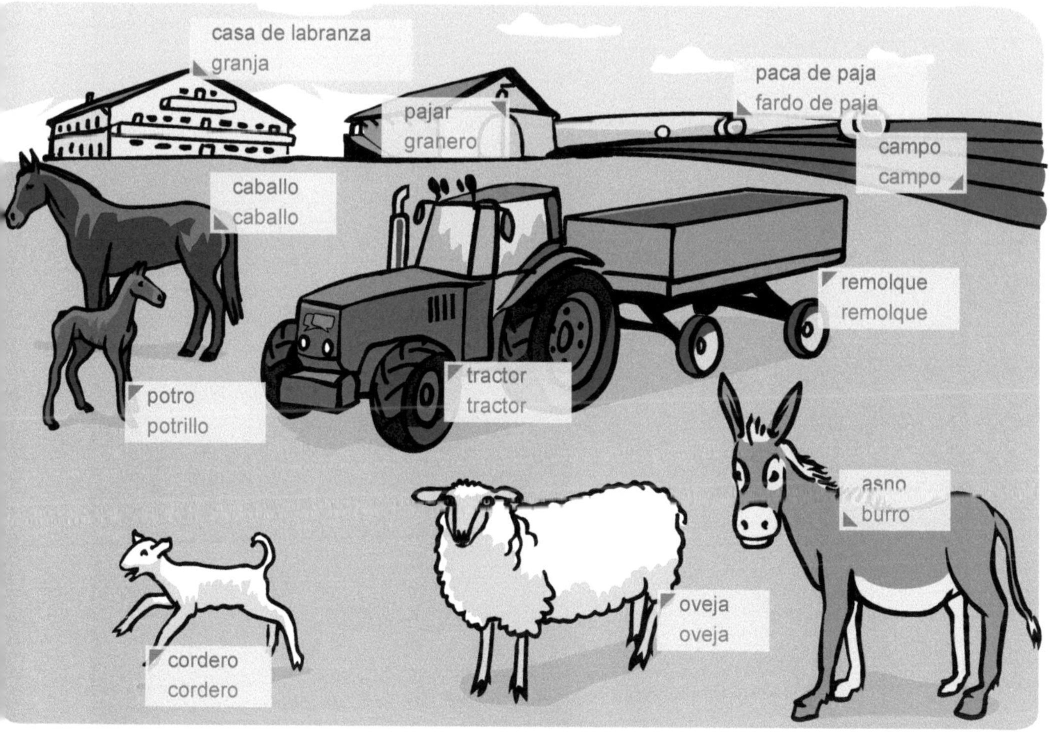
casa de labranza
granja
pajar
granero
paca de paja
fardo de paja
campo
campo
caballo
caballo
remolque
remolque
tractor
tractor
potro
potrillo
asno
burro
oveja
oveja
cordero
cordero

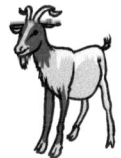

cabra
cabra

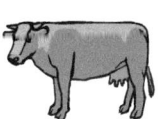

vaca
vaca

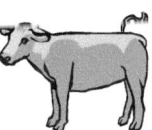

ternero
ternero

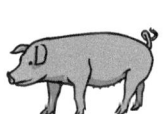

cerdo
cerdo

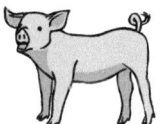

lechón
lechón

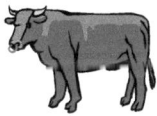

toro
toro

ganso
ganso

pato
pato

polluelo
pollo

pollo
gallina

gallo
gallo

rata
rata

gato
gato

ratón
ratón

buey
buey

perro
perro

caseta del perro
cucha

manguera de riego
manguera

regadera
regadera

guadaña
guadaña

arado
arado

hoz
....
hoz

azada
....
azada

bieldo
....
horquilla

hacha
....
hacha

carretilla
....
carretilla

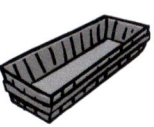

abrevadero
....
abrevadero

lechera
....
lechera

saco
....
bolsa

cerca
....
reja

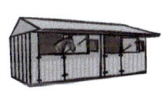

establo
....
establo

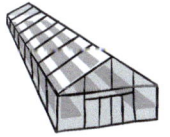

invernadero
....
invernadero

suelo
....
suelo

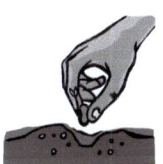

semilla
....
semilla

fertilizante
....
fertilizador

cosechadora
....
cosechadora

cosechar

cosechar

cosecha

cosecha

raíz de ñame

batatas

trigo

trigo

soja

soja

patata

papa

maíz

maíz

colza

semilla de colza

Árbol frutal

árbol frutal

mandioca

mandioca

cereales

cereales

casa
casa

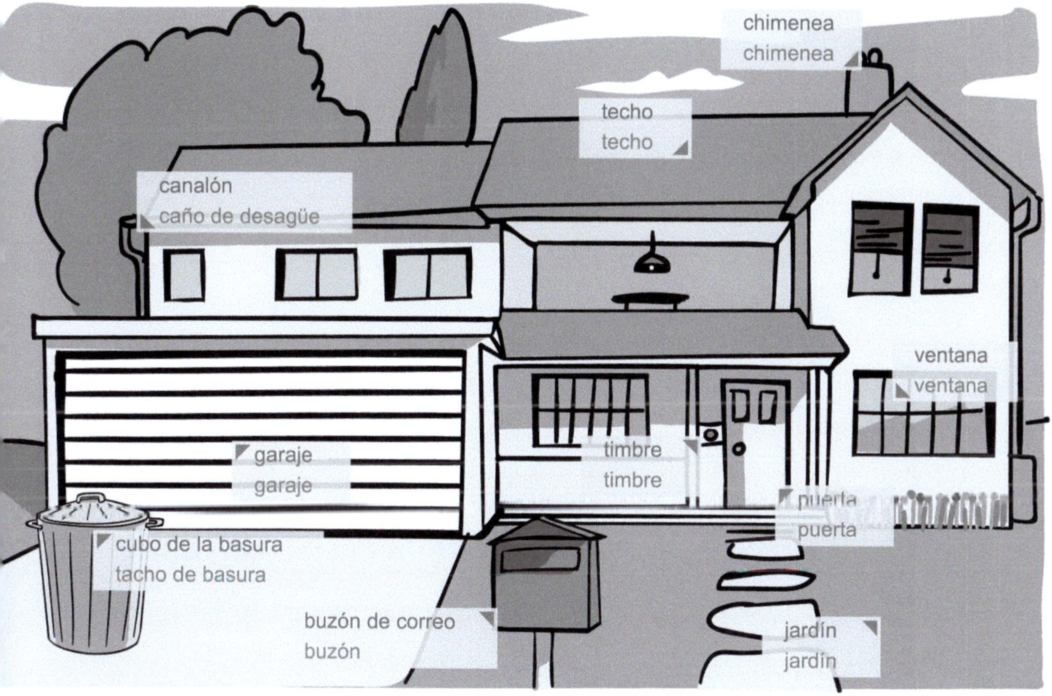
chimenea
chimenea
techo
techo
canalón
caño de desagüe
ventana
ventana
garaje
garaje
timbre
timbre
puerta
puerta
cubo de la basura
tacho de basura
buzón de correo
buzón
jardín
jardín

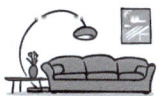

cuarto de estar
living

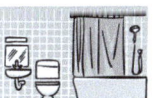

cuarto de baño
baño

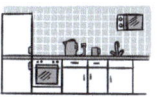

cocina
cocina

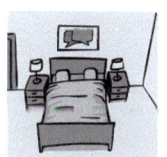

dormitorio
dormitorio

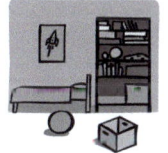

cuarto de los niños
cuarto de los chicos

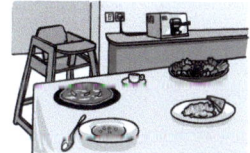

comedor
comedor

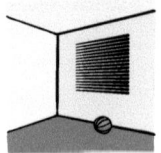

piso
piso

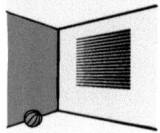

pared
pared

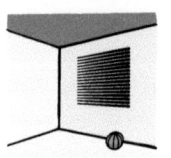

cielorraso
cielorraso

sótano
sótano

sauna
sauna

balcón
balcón

terraza
terraza

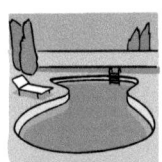

piscina
pileta

cortacésped
cortadora de pasto

funda nórdica
sábana

edredón
acolchado

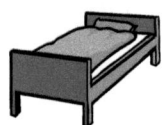

cama
cama

escoba
escoba

cubo
balde

interruptor
interruptor

cuarto de estar

living

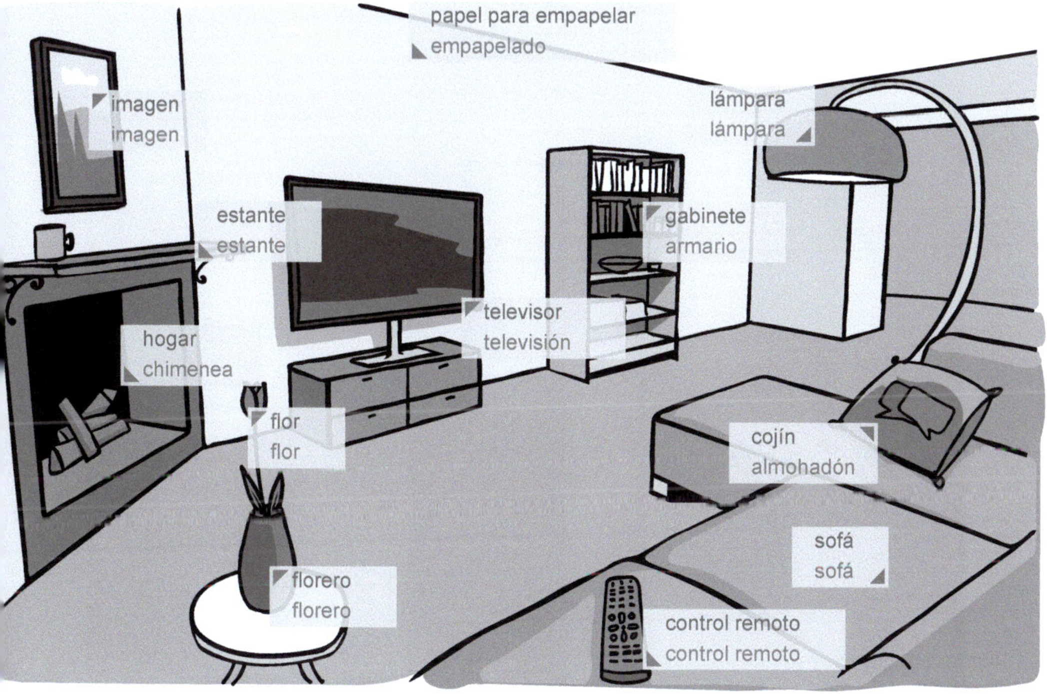

papel para empapelar
empapelado
imagen
imagen
lámpara
lámpara
estante
estante
gabinete
armario
hogar
chimenea
televisor
televisión
flor
flor
cojín
almohadón
sofá
sofá
florero
florero
control remoto
control remoto

alfombra

alfombra

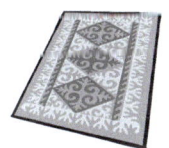

cortina

cortina

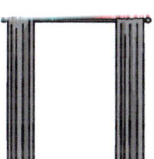

mesa

mesa

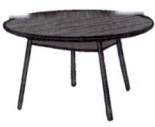

silla

silla

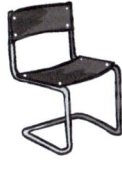

mecedora

mecedora

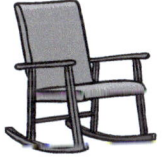

sillón

sillón

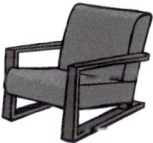

libro

libro

frazada

frazada

decoración

decoración

leña

leña

film

película

equipo estereofónico

equipo de música

llave

llave

periódico

diario

cuadro

pintura

póster

póster

radio

radio

bloc de notas

cuaderno

aspiradora

aspiradora

cactus

cactus

vela

vela

cocina

cocina

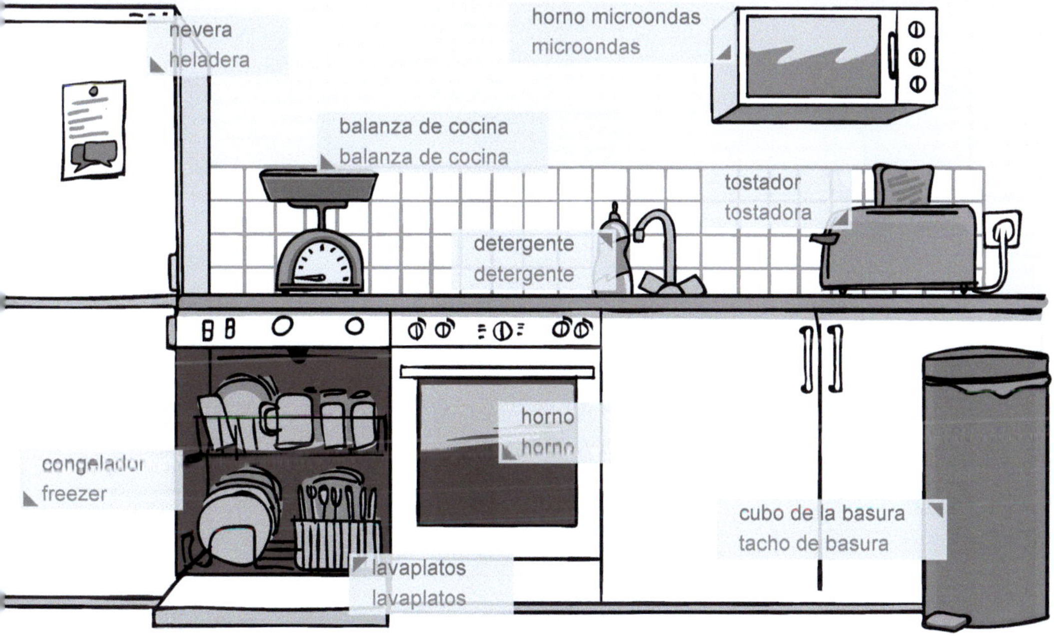
nevera
heladera
horno microondas
microondas
balanza de cocina
balanza de cocina
tostador
tostadora
detergente
detergente
horno
horno
congelador
freezer
cubo de la basura
tacho de basura
lavaplatos
lavaplatos

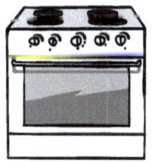

cocina
....
cocina

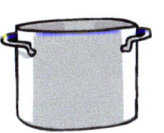

olla
....
olla

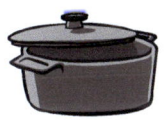

olla de fundición de hierro
....
olla de hierro fundido

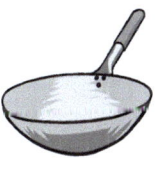

wok / kadai
....
wok

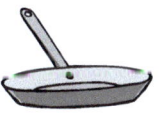

sartén
....
sartén

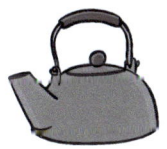

hervidor de agua
....
pava

olla de vapor

vaporera

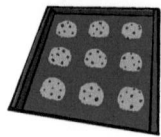

bandeja de horno

bandeja de horno

vajilla

vajilla

vaso

taza

bol

bol

palillos para comer

palitos

cucharón de sopa

cucharón

espátula

estpátula

batidor

batidora

colador

colador

cedazo

colador

rallador

rallador

mortero

mortero

parrillada

parrilla

fogata

fogata

tabla de picar

tabla de picar

rodillo

palo de amasar

sacacorchos

sacacorchos

lata

lata

abrelatas

abrelatas

agarrador

manopla

fregadero

pileta

cepillo

cepillo

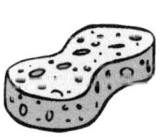

esponja

esponja

batidora

batidora

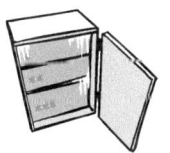

arcón congelador

congelador

biberón

mamadera

grifo

canilla

cuarto de baño
baño

ducha
ducha
calefacción
calefacción
toalla
toalla
cortina para ducha
cortina de ducha
baño de espuma
baño de espuma
bañera
bañadera
vaso
vaso
lavadora
lavarropas
grifo
canilla
baldosa
baldosas
orinal
pelela
fregadero
pileta

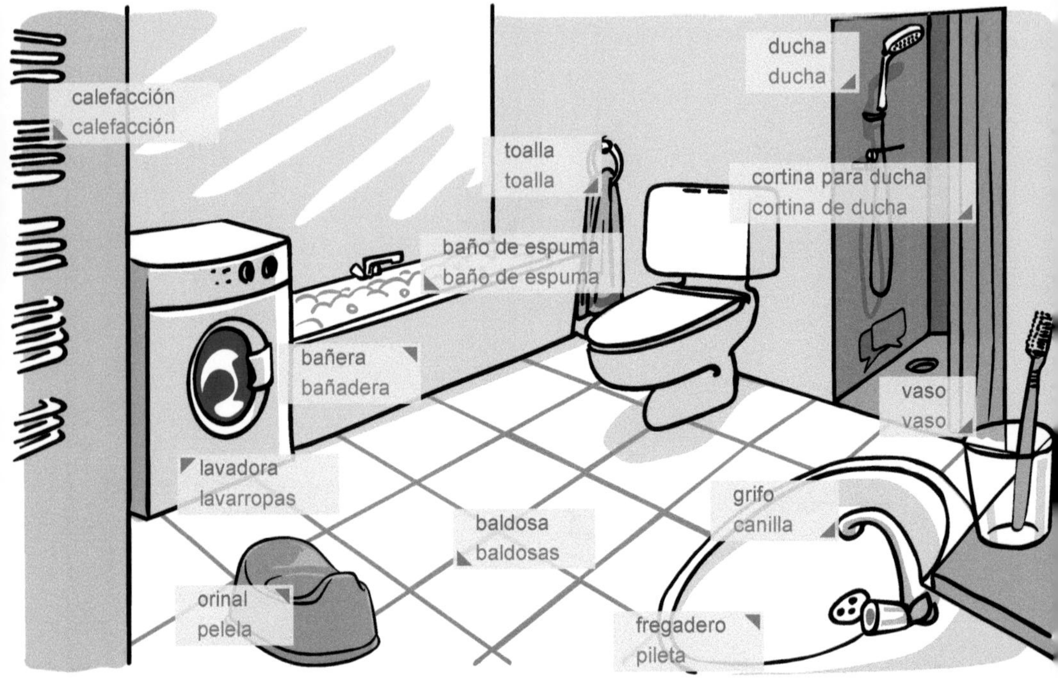

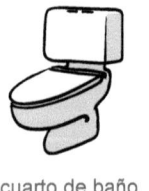

cuarto de baño

inodoro

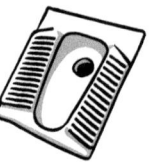

placa turca

letrina

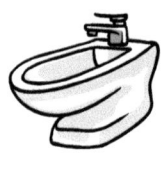

bidé

bidé

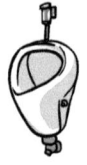

urinario

mingitorio

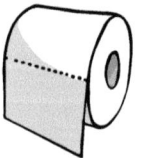

papel higiénico

papel higiénico

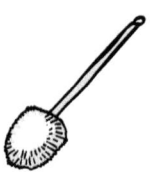

escobilla para el cuarto de baño

cepillo para el inodoro

cepillo de dientes

cepillo de dientes

pasta dentífrica

dentífrico

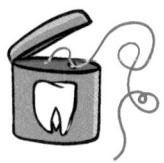

seda dental

hilo dental

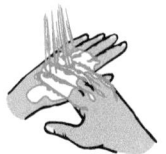

lavar

lavar

ducha teléfono

ducha de mano

ducha higiénica

ducha higiénica

cuenco

palangana

cepillo para la espalda

cepillo para espalda

jabón

jabón

gel de ducha

gel de ducha

champú

shampoo

manopla para baño

toallita

desagüe

desagüe

crema

crema

desodorante

desodorante

espejo

espejo

espejo de maquillaje

espejito

máquina de afeitar

maquinita de afeitar

espuma de afeitar

espuma de afeitar

loción para después del afeitado

aftershave

peine

peine

cepillo

cepillo

secador para cabello

secador de pelo

laca de peinado

spray

maquillaje

maquillaje

lápiz labial

lápiz de labios

laca para uñas

esmalte para uñas

algodón

algodón

tijera para uñas

tijera para uñas

perfume

perfume

neceser

portacosméticos

taburete

banqueta

balanza

balanza

bata de baño

bata

guantes de goma

guantes de goma

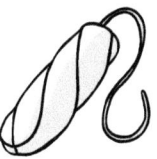

tampón

tampón

compresa

toallita femenina

wáter químico

baño químico

cuarto de los niños

cuarto de los chicos

despertador
despertador
animal de peluche
peluche
auto de juguete
coche de juguete
sonajero
sonajero
casa de muñecas
casa de muñecas
obsequio
regalo

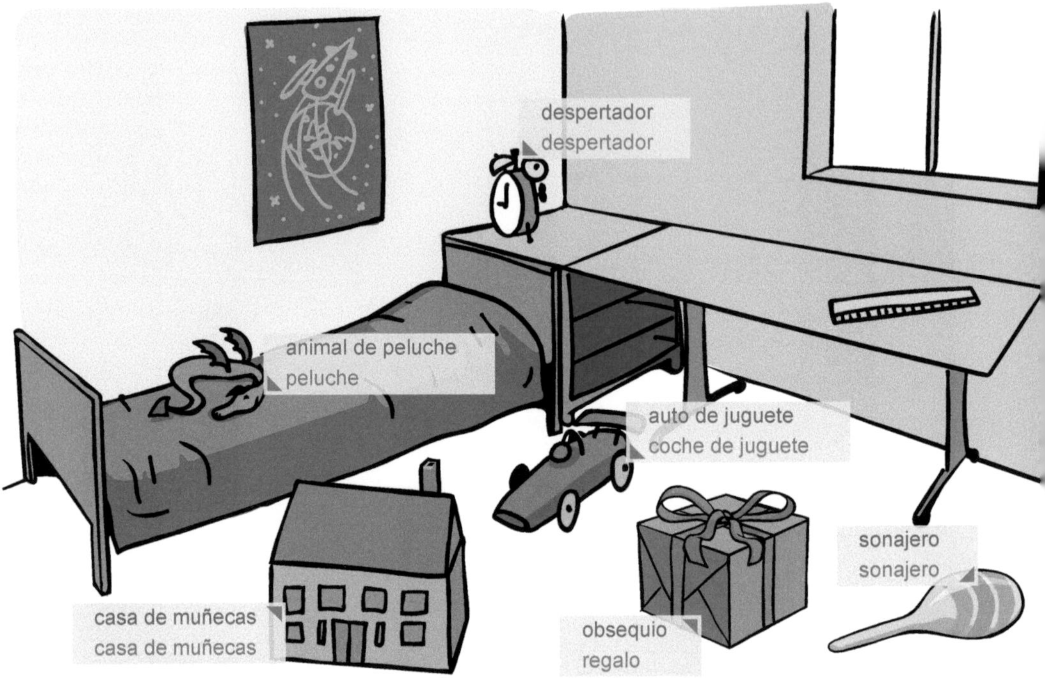

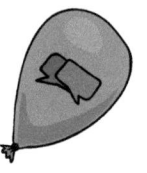

globo

globo

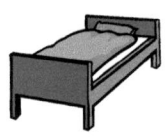

cama

cama

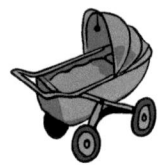

cochecito para niños

cochecito

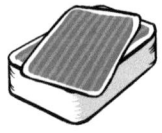

juego de barajas

cartas

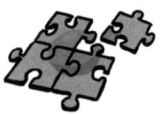

rompecabezas

rompecabezas

cómic

historieta

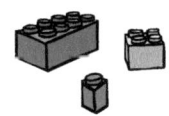

piezas de Lego
....
piezas de lego

bloques para jugar
....
ladrillos de juguete

figura de acción
....
figura de acción

pijama de una pieza
....
enterito (de bebé)

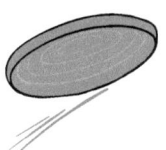

frisbee
....
frisbee

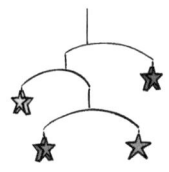

móvil
....
móvil para bebés

juego de mesa
....
juego de mesa

dado
....
dados

tren eléctrico a escala
....
tren eléctrico

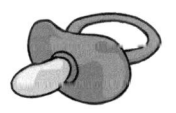

chupete
....
chupete

fiesta
....
fiesta

libro de dibujos
....
libro de cuentos ilustrado

pelota
....
pelota

títere
....
muñeca

jugar
....
jugar

arenero
....
arenero

columpio
....
hamaca

juguetes
....
juguetes

consola de videojuego
....
consola de videojuegos

triciclo
....
triciclo

osito de peluche
....
osito de peluche

guardarropa
....
armario

vestimenta

ropa

calcetines
....
medias

medias
....
medias panty

panti
....
calzas

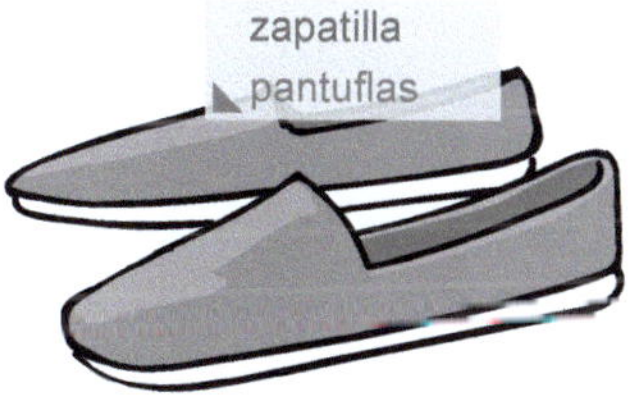

chal
bufanda

paraguas
paraguas

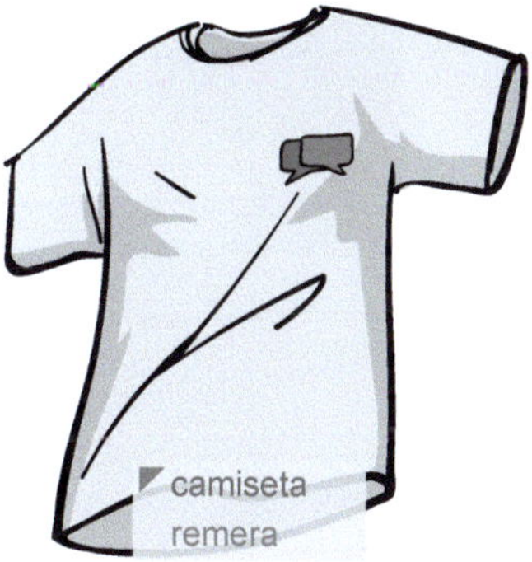

camiseta
remera

cinturón
cinturón

botas
botas

zapatilla
pantuflas

deportivas
zapatillas

sandalias
sandalias

zapatos
zapatos

botas de goma
botas de goma

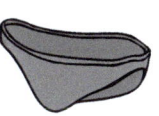
ropa interior
ropa interior

corpiño
corpiño

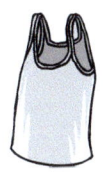
camiseta
chaleco

body

body

pantalón

pantalones

jeans

jeans

falda

pollera

blusa

blusa

camisa

camisa

pullover

pulóver

sweater

buzo

blazer

blazer

chaqueta

campera

abrigo

tapado

impermeable

piloto

traje chaqueta

traje

vestido

vestido

vestido de bodas

vestido de novia

traje

traje

camisón

camisón

pijama

pijama

sari

sari

pañuelo de cabeza

pañuelo para cabeza

turbante

turbante

burka

burka

caftán

caftán

abaya

abaya

traje de baño

traje de baño

bañador

short de baño

shorts

shorts

chándal

jogging

delantal

delantal

guante

guantes

botón

botón

gafa

anteojos

brazalete

pulsera

cadena

collar

anillo

anillo

aro

aro

gorra

gorra

percha

percha

sombrero

sombrero

corbata

corbata

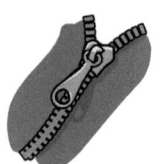

cierre a cremallera

cierre

casco

casco

tiradores

tiradores

uniforme escolar

uniforme escolar

uniforme

uniforme

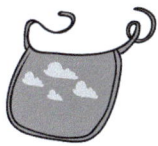

babero

babero

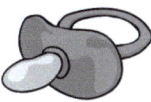

chupete

chupete

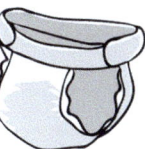

pañal

pañal

oficina

oficina

servidor
servidor
archivador
archivero
impresora
impresora
papel
papel
monitor
monitor
ratón
mouse
escritorio
escritorio
carpeta
carpeta
teclado
teclado
cesto de papeles
tacho (de basura)
ordenador
computadora
silla
silla

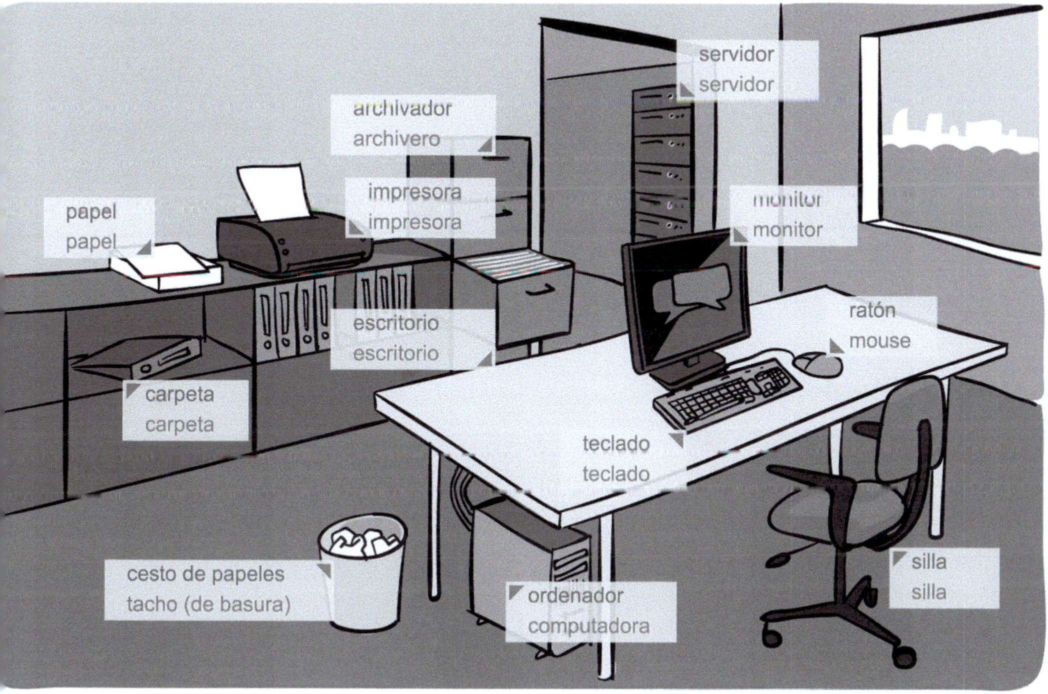

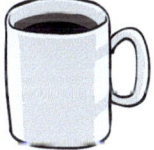

taza de café

taza de café

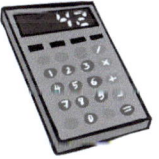

calculadora

calculadora

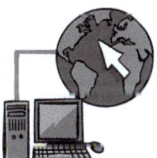

internet

internet

laptop

laptop

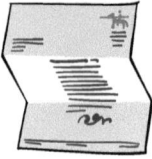

carta

carta

mensaje

mensaje

teléfono móvil

celular

red

red

fotocopiadora

fotocopiadora

software

software

teléfono

teléfono

tomacorriente

tomacorriente

máquina de fax

fax

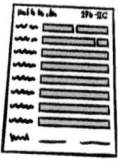

formulario

formulario

documento

documento

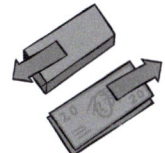

comprar
comprar

pagar
pagar

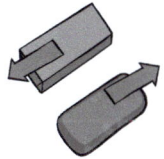

comerciar
hacer negocios

dinero
dinero

dólar
dólar

euro
euro

yen
yen

rublo
rublo

franco
franco suizo

renminbi
yuan

rupia
rupia

cajero automático
cajero automático

casa de cambio

casa de cambio

oro

oro

plata

plata

petróleo

petróleo

energía

energía

precio

precio

contrato

contrato

impuesto

impuesto

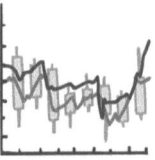

acción

acción

trabajar

trabajar

empleado

empleado

empleador

empleador

fábrica

fábrica

negocio

negocio

ocupaciones
ocupaciones

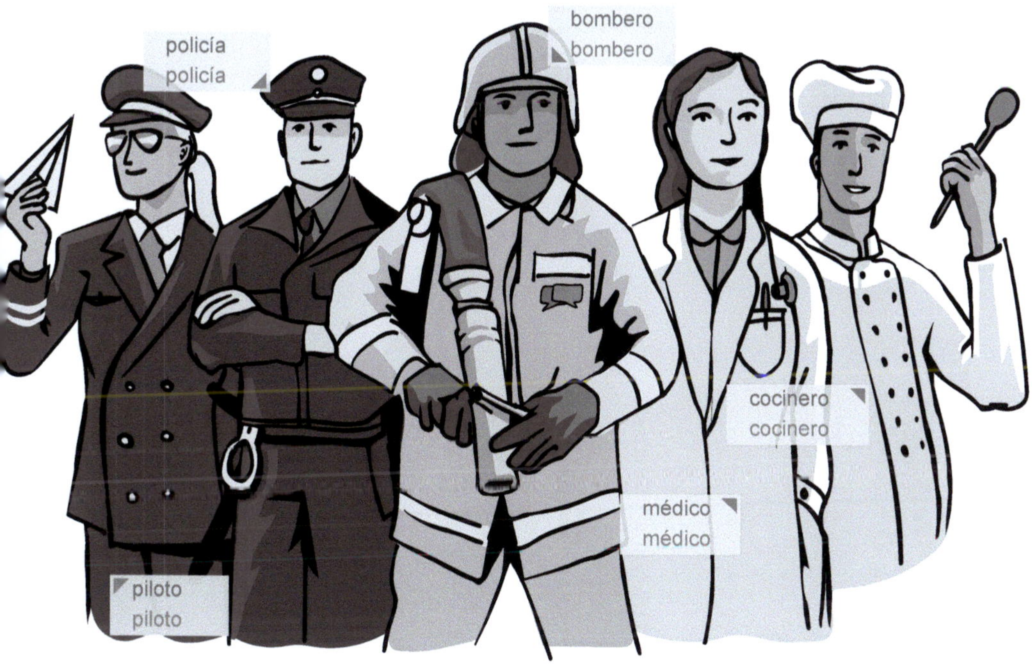
policía
policía
bombero
bombero
cocinero
cocinero
médico
médico
piloto
piloto

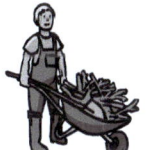

jardinero

jardinero

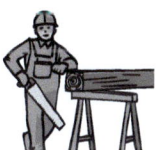

carpintero

carpintero

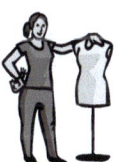

costurera

modista

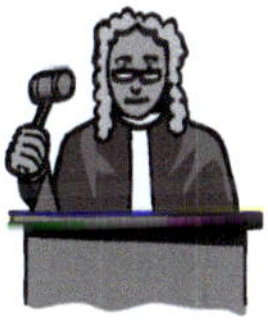

juez

juez

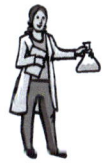

químico

farmacéutico

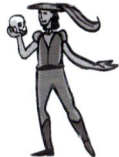

actor

actor

conductor de autobús

colectivero

taxista

taxista

pescador

pescador

mujer de la limpieza

mucama

techista

techista

camarero

mozo

cazador

cazador

pintor

pintor

panadero

panadero

electricista

electricista

albañil

albañil

ingeniero

ingeniero

carnicero

carnicero

fontanero

plomero

cartero

cartero

soldado

soldado

arquitecto

arquitecto

cajero

cajero

florista

florista

peluquero

peluquero

cobrador

cobrador

mecánico

mecánico

capitán

capitán

odontólogo

dentista

científico

científico

rabino

rabino

imam

imán

monje

monje

párroco

sacerdote

herramientas
herramientas

martillo
martillo
tenazas
tenaza
destornillador
destornillador
llave de tuercas
llave
lámpara de mes
linterna

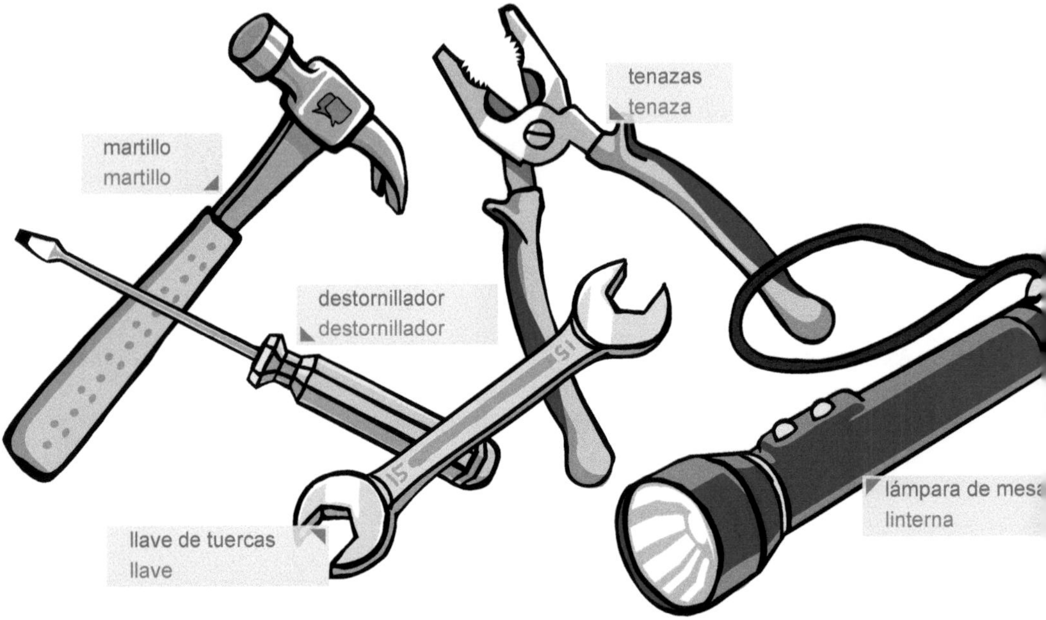

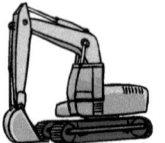

excavadora

excavadora

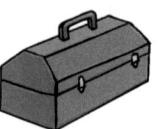

caja de herramientas

caja de herramientas

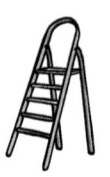

escalerilla

escalera portátil

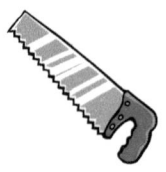

serrucho

sierra

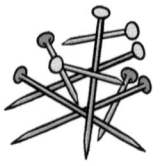

clavos

clavos

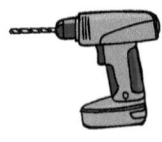

taladro

taladro

reparar
....
arreglar

pala
....
pala de jardín

¡Maldición!
....
¡Qué bronca!

recogedor
....
pala de plástico

lata de pintura
....
tacho de pintura

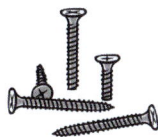

tornillos
....
tornillos

instrumentos musicales
instrumentos musicales

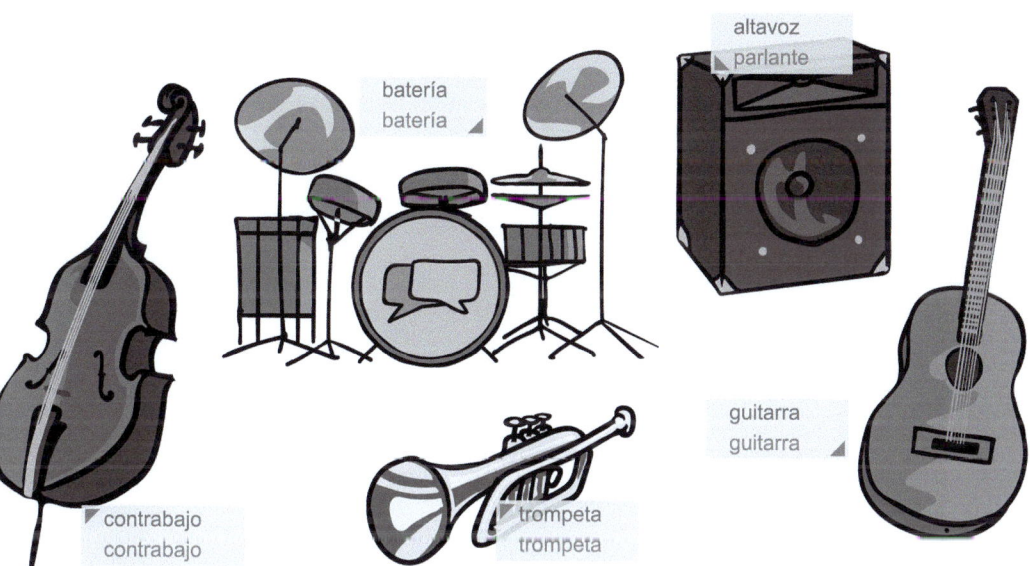

altavoz
parlante

batería
batería

guitarra
guitarra

contrabajo
contrabajo

trompeta
trompeta

piano

piano

violín

violín

bajo

bajo

timbales

timbales

tambor

tambor

teclado

teclado

saxofón

saxofón

flauta

flauta

micrófono

micrófono

zoológico
zoológico

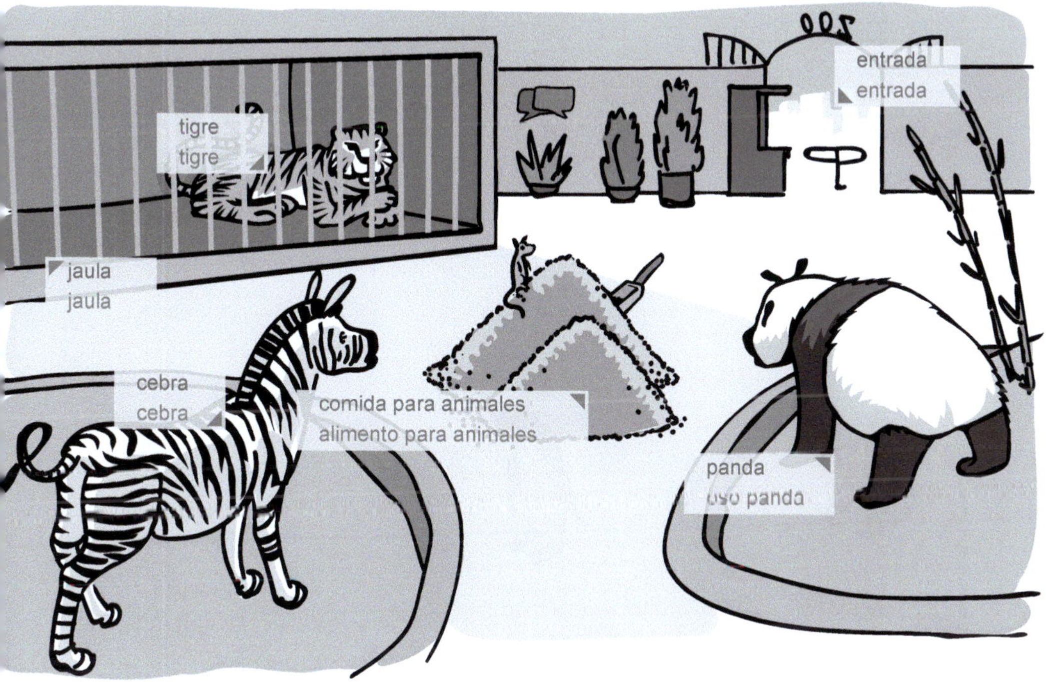

entrada
entrada
tigre
tigre
jaula
jaula
cebra
cebra
comida para animales
alimento para animales
panda
oso panda

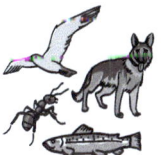

animales
animales

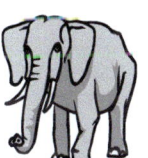

elefante
elefante

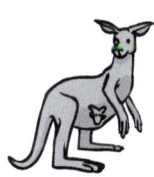

canguro
canguro

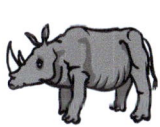

rinoceronte
rinoceronte

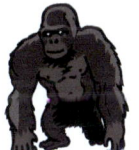

gorila
gorila

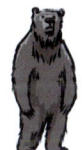

oso
oso

camello

camello

avestruz

avestruz

león

león

mono

mono

flamengo

flamenco

papagayo

loro

oso polar

oso polar

pingüino

pingüino

tiburón

tiburón

pavo real

pavo real

serpiente

serpiente

cocodrilo

cocodrilo

cuidador del zoológico

cuidador del zoológico

foca

foca

jaguar

jaguar

pony
poni

leopardo
leopardo

hipopótamo
hipopótamo

jirafa
jirafa

águila
águila

jabalí
jabalí

pescado
pescado

tortuga
tortuga

morsa
morsa

zorro
zorro

gacela
gacela

zoológico - zoológico

fútbol americano
fútbol americano

ciclismo
ciclismo

tenis
tenis

baloncesto
básquet

natación
natación

boxeo
boxeo

hockey sobre hielo
hockey sobre hielo

fútbol
fútbol

badminton
bádminton

atletismo
atletismo

balonmano
handball

esquí
esquí

polo
polo

actividades
actividades

reír
reír
saltar
saltar
abrazar
abrazar
caminar
caminar
cantar
cantar
soñar
soñar
rezar
rezar
besar
besar

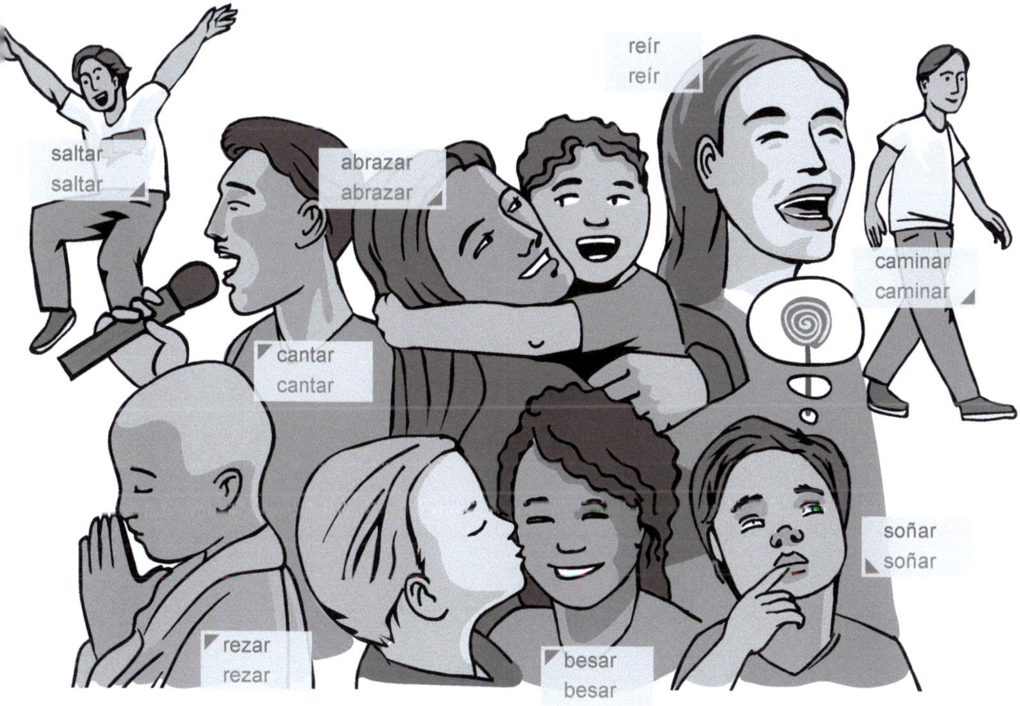

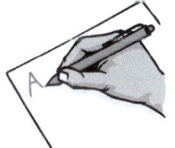

escribir

escribir

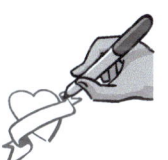

dibujar

dibujar

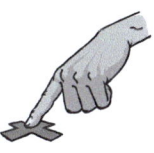

mostrar

mostrar

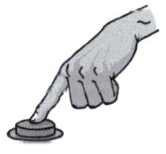

presionar

presionar

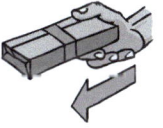

dar

dar

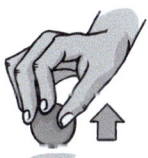

tomar

tomar

tener

tener

hacer

hacer

ser

ser

estar de pie

estar parado

correr

correr

tirar

tirar

arrojar

tirar

caer

caer

estar acostado

estar acostado

esperar

esperar

llevar

llevar

estar sentado

estar sentado

vestirse

vestirse

dormir

dormir

despertar

despertar

mirar
mirar

llorar
llorar

acariciar
acariciar

peinarse
peinar

conversar
hablar

entender
entender

preguntar
preguntar

oír
escuchar

beber
beber

comer
comer

asear
ordenar

amar
amar

cocinar
cocinar

conducir
manejar

volar
volar

navegar

navegar

calcular

calcular

leer

leer

aprender

aprender

trabajar

trabajar

casarse

casarse

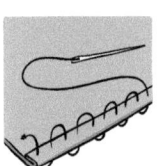

coser

coser

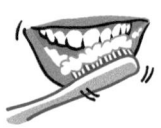

limpiarse los dientes

cepillarse los dientes

matar

matar

fumar

fumar

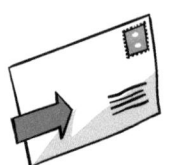

enviar

enviar

familia

abuela
abuela

abuelo
abuelo

padre
padre

madre
madre

bebé
bebé

hija
hija

hijo
hijo

invitado
invitado

tía
tía

tío
tío

hermano
hermano

hermana
hermana

cuerpo

cuerpo

frente
frente
ojo
ojo
hombro
hombro
dedo
dedo
cara
cara
barbilla
pera
mano
mano
pecho
pecho
pierna
pierna
brazo
brazo

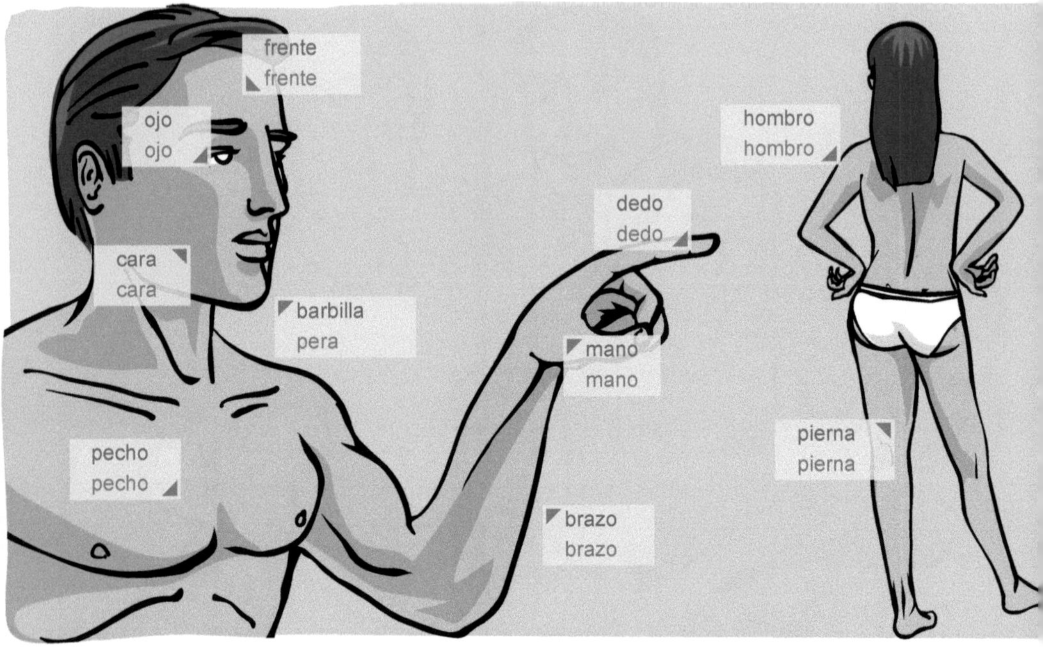

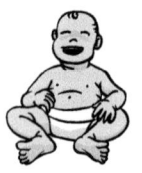

bebé

bebé

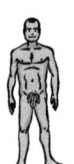

hombre

hombre

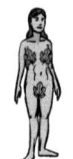

mujer

mujer

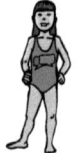

muchacha

nena

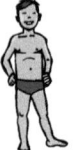

joven

nene

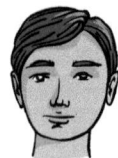

cabeza

cabeza

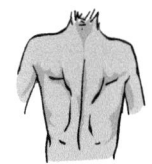

espalda

espalda

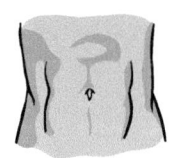

vientre

panza

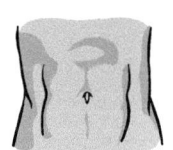

ombligo

ombligo

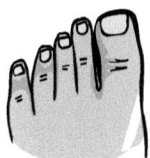

dedo del pie

dedo del pie

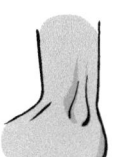

talón

talón

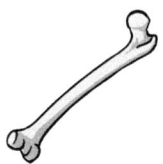

hueso

hueso

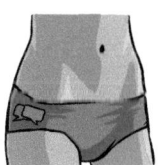

cadera

cadera

rodilla

rodilla

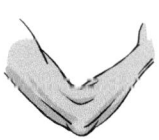

codo

codo

nariz

nariz

trasero

cola

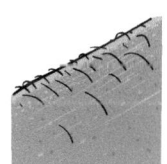

piel

piel

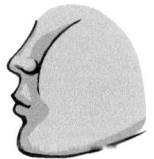

mejilla

cachete

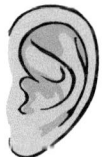

oreja

oreja

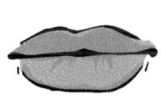

labio

labio

boca

boca

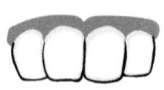

diente

diente

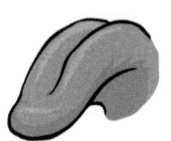

lengua

lengua

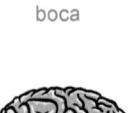

cerebro

cerebro

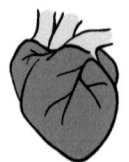

corazón

corazón

músculo

músculo

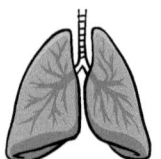

pulmón

pulmón

hígado

hígado

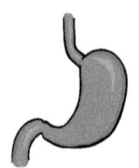

estómago

estómago

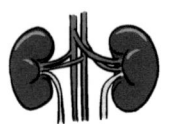

riñones

riñones

relación sexual

sexo

condón

preservativo

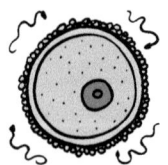

Óvulo

óvulo

esperma

semen

embarazo

embarazo

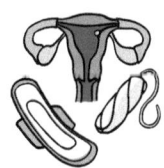

menstruación

menstruación

vagina

vagina

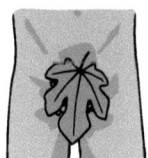

pene

pene

ceja

ceja

cabello

pelo

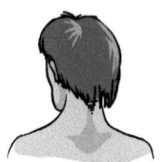

cuello

cuello

hospital
hospital

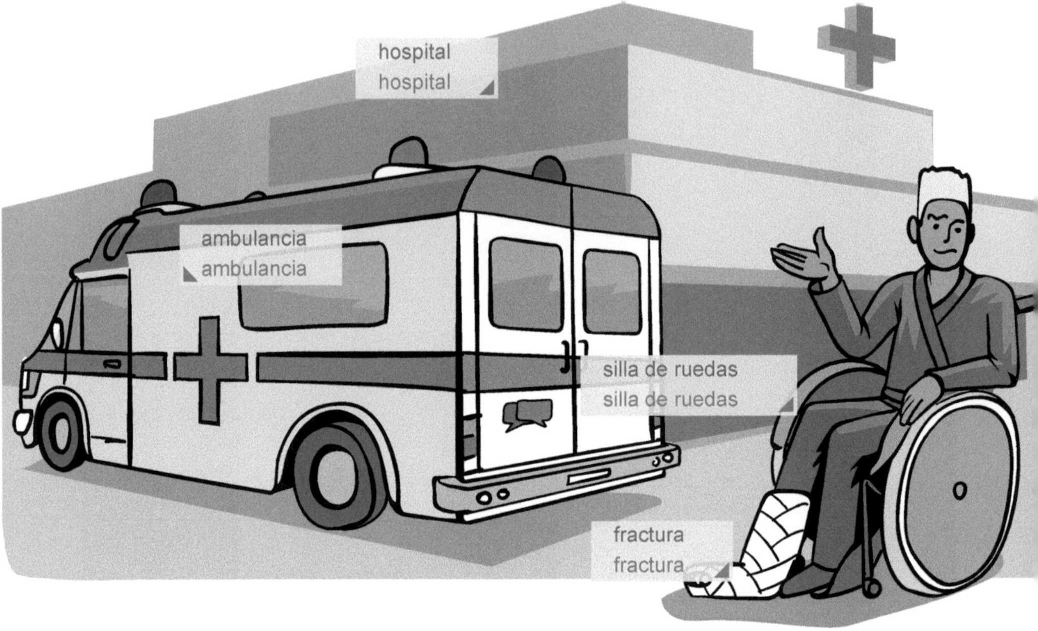

hospital
hospital
ambulancia
ambulancia
silla de ruedas
silla de ruedas
fractura
fractura

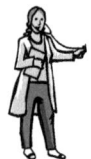

médico
médico

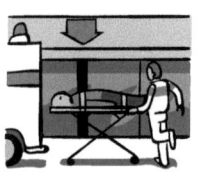

admisión de urgencia
sala de guardia

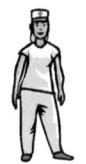

enfermera
enfermera

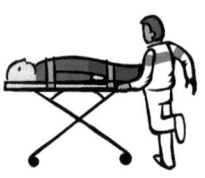

emergencia
emergencia

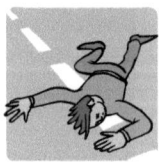

inconsciente
inconsciente

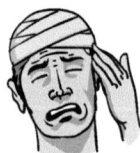

dolor
dolor

lesión

lesión

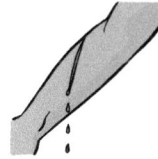

hemorragia

hemorragia

infarto de miocardio

infarto

apoplejía cerebral

ACV

alergia

alergia

tos

tos

fiebre

fiebre

gripe

gripe

diarrea

diarrea

dolor de cabeza

dolor de cabeza

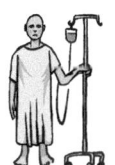

cáncer

cáncer

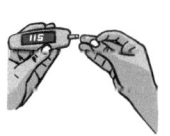

diabetes

diabetes

cirujano

cirujano

escalpelo

bisturi

operación

operación

TC
TC

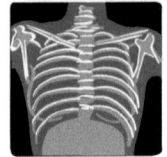

rayos X
rayos x

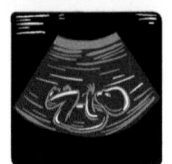

ultrasonido
ecografía

máscara
barbijo

enfermedad
enfermedad

sala de espera
sala de espera

muleta
muleta

emplasto
curita

vendaje
venda

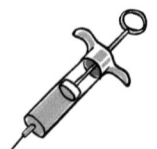

inyección
inyección

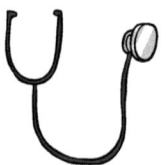

estetoscopio
estetoscopio

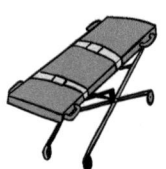

camilla
camilla

termómetro
termómetro

nacimiento
nacimiento

sobrepeso
sobrepeso

audífono
audífono

desinfectante
desinfectante

infección
infección

virus
virus

VIH / SIDA
VIH / SIDA

medicina
remedio

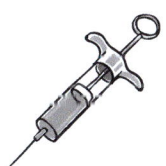

vacunación
vacunación

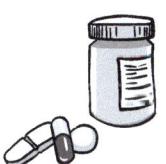

comprimido
comprimidos

píldora anticonceptiva
pastilla anticonceptiva

llamada de emergencia
llamada de emergencia

medidor de presión arterial
tensiómetro

enfermo / saludable
enfermo / sano

¡Ayuda! ¡Ayuda!	 alarma alarma	 asalto agresión
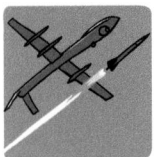 ataque ataque	 peligro peligro	 salida de emergencia salida de emergencia
¡Fuego! ¡Fuego!	 extintor matafuego	 accidente accidente
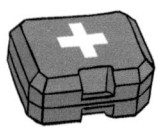 kit de primeros auxilios botiquín de primeros auxilios	 SOS SOS	 Policía policía

Europa

Europa

América del Norte

América del Norte

América del Sur

América del Sur

África

África

Asia

Asia

Australia

Australia

Atlántico

Atlántico

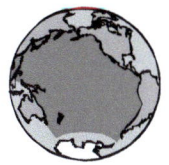

Pacífico

Pacífico

Océano Índico

Océano Índico

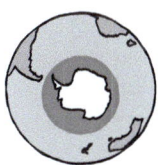

Océano Antártico

Océano Antártico

Océano Ártico

Océano Ártico

Polo Norte

polo norte

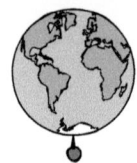

Polo Sur

polo sur

Antártida

Antártida

Tierra

Tierra

país

tierra

mar

mar

isla

isla

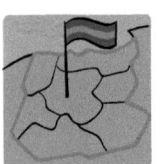

nación

nación

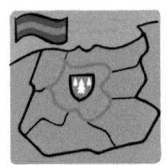

Estado

estado

cuadrante
....
esfera

horario
....
manecilla de las horas

minutero
....
minutero

segundero
....
segundero

¿Qué hora es?
....
¿Qué hora es?

día
....
dia

tiempo
....
hora

ahora
....
ahora

reloj digital
....
reloj digital

minuto
....
minuto

hora
....
hora

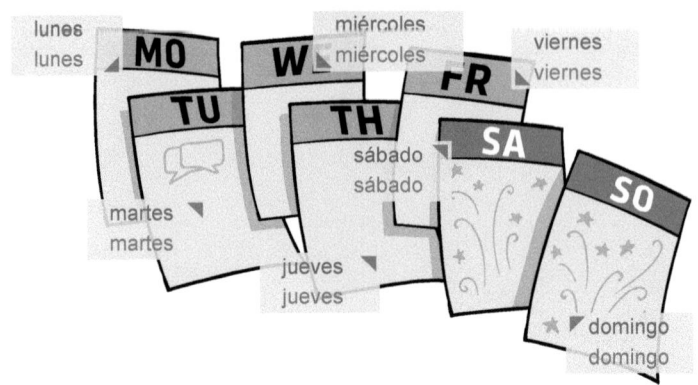

lunes
lunes

miércoles
miércoles

viernes
viernes

martes
martes

sábado
sábado

jueves
jueves

domingo
domingo

ayer
ayer

hoy
hoy

mañana
mañana

mañana
mañana

mediodía
mediodía

tarde
tarde

jornada de trabajo
días hábiles

fin de semana
fin de semana

año

año

arco iris
arco iris
lluvia
lluvia
nieve
nieve
viento
viento
primavera
primavera
otoño
otoño
verano
verano
invierno
invierno

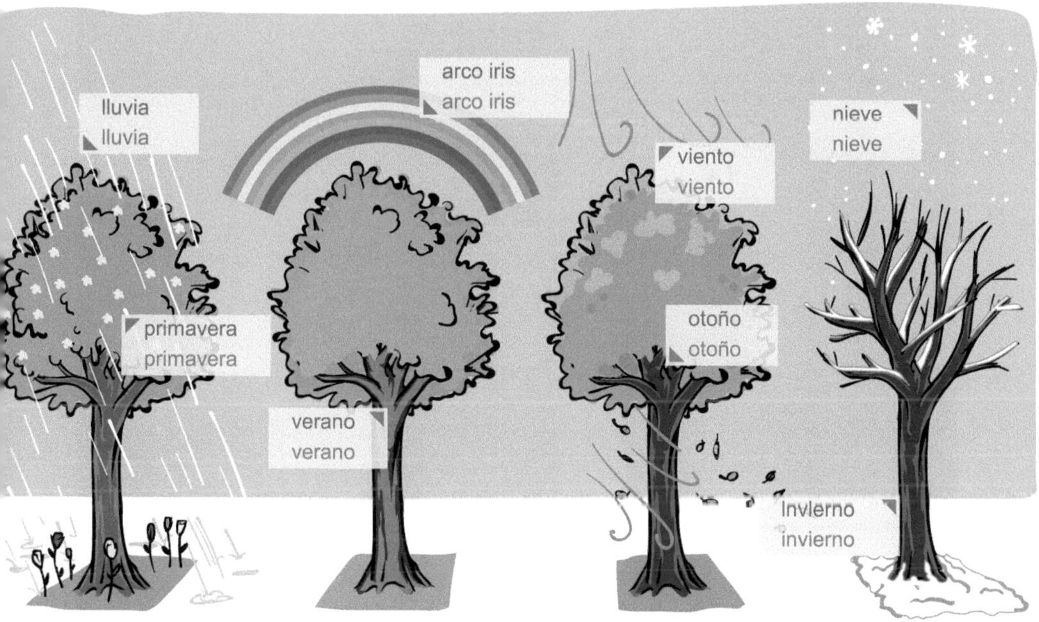

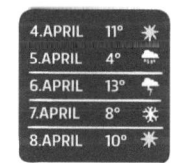

4.APRIL 11°
5.APRIL 4°
6.APRIL 13°
7.APRIL 8°
8.APRIL 10°

pronóstico meteorológico

pronóstico meteorológico

F C

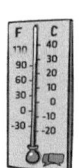

termómetro

termómetro

luz solar

luz del sol

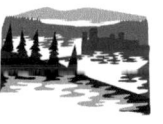

nube

nube

niebla

niebla

humedad ambiente

humedad

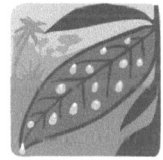

relámpago

rayo

trueno

trueno

tormenta

tormenta

granizo

granizo

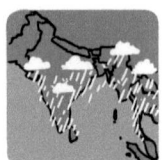

monzón

monzón

inundación

inundación

hielo

hielo

enero

enero

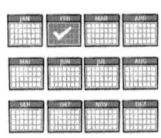

febrero

febrero

marzo

marzo

abril

abril

mayo

mayo

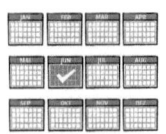

junio

junio

julio

julio

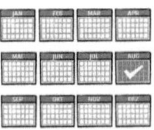

agosto

agosto

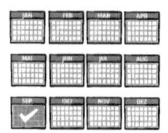

septiembre

septiembre

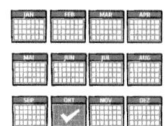

octubre

octubre

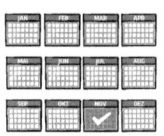

noviembre

noviembre

diciembre

diciembre

formas

formas

círculo

círculo

cuadrado

cuadrado

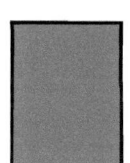

rectángulo

rectángulo

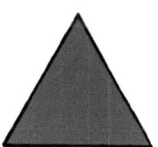

triángulo

triángulo

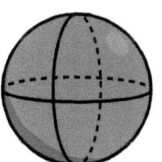

esfera

esfera

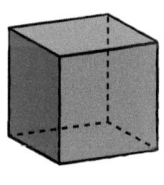

cubo

cubo

blanco
....
blanco

amarillo
....
amarillo

anaranjado
....
naranja

rosa
....
rosa

rojo
....
rojo

lila
....
violeta

azul
....
azul

verde
....
verde

marrón
....
marrón

gris
....
gris

negro
....
negro

mucho / poco

mucho / poco

enojado / calmado

enojado / tranquilo

bonito / feo

lindo / feo

comienzo / fin

principio / fin

grande / pequeño

grande / chico

claro / oscuro

claro / oscuro

hermano / hermana

hermano / hermana

limpio / sucio

limpio / sucio

completo / incompleto

completo / incompleto

día / noche

día / noche

muerto / vivo

muerto / vivo

ancho / angosto

ancho / angosto

disfrutable / no disfrutable
....
comestible / no comestible

malo / amigable
....
malo / amable

excitado / aburrido
....
entusiasmado / aburrido

gordo / delgado
....
gordo / flaco

primero / último
....
primero / último

amigo / enemigo
....
amigo / enemigo

lleno / vacío
....
lleno / vacío

duro / suave
....
duro / blando

pesado / liviano
....
pesado / liviano

hambre / sed
....
hambre / sed

enfermo / saludable
....
enfermo / sano

ilegal / legal
....
ilegal / legal

inteligente / tonto
....
inteligente / estúpido

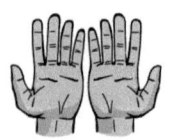

izquierda / derecha
....
izquierda / derecha

cercano / lejano
....
cerca / lejos

nuevo / usado

nuevo / usado

nada / algo

nada / algo

viejo / joven

viejo / joven

encendido / apagado

encendido / apagado

abierto / cerrado

abierto / cerrado

bajo / fuerte

silencioso / ruidoso

rico / pobre

rico / pobre

correcto / incorrecto

correcto / incorrecto

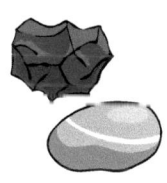

áspero / liso

áspero / suave

triste / alegre

triste / contento

breve / extenso

corto / largo

lento / veloz

lento / rápido

mojado / seco

mojado / seco

caliente / frío

caliente / frío

guerra / paz

guerra / paz

opuestos - opuestos

0	**1**	**2**
cero	uno	dos
cero	uno	dos

3	**4**	**5**
tres	cuatro	cinco
tres	cuatro	cinco

6	**7**	**8**
seis	siete	ocho
seis	siete	ocho

9	**10**	**11**
nueve	diez	once
nueve	diez	once

12

doce

doce

13

trece

trece

14

catorce

catorce

15

quince

quince

16

dieciséis

dieciséis

17

diecisiete

diecisiete

18

dieciocho

dieciocho

19

diecinueve

diecinueve

20

veinte

veinte

100

cien

cien

1.000

mil

mil

1.000.000

millón

millón

inglés
....
inglés

inglés estadounidense
....
inglés americano

chino mandarín
....
chino mandarín

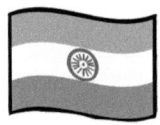

hindi
....
hindi

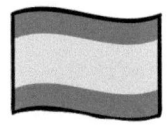

español
....
español

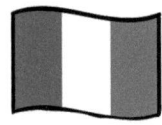

francés
....
francés

árabe
....
árabe

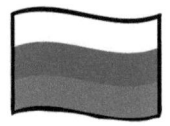

ruso
....
ruso

portugués
....
portugués

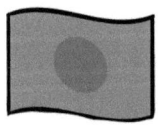

bengalí
....
bengalí

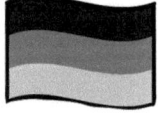

alemán
....
alemán

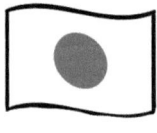

japonés
....
japonés

yo

yo

tú

vos

él / ella

él / ella

nosotros

nosotros

vosotros

ustedes

ellos

ellos

¿quién?

¿quién?

¿qué?

¿qué?

¿cómo?

¿cómo?

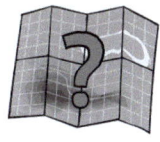

¿dónde?

¿dónde?

¿cuándo?

¿cuándo?

nombre

nombre

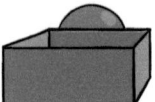

detrás
....
detrás

en
....
en

delante de
....
adelante de

encima de
....
por encima de

sobre
....
sobre

debajo de
....
debajo de

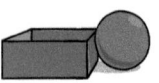

junto a
....
al lado de

entre
....
entre

lugar
....
lugar